看漫画，学成语！
米

米小圈趣学系列

米小圈漫画成语

狐假虎威

北猫
编著

四川少年儿童出版社

狐假虎威

前言

亲爱的同学们，你们好吗？你们一定比我米小圈过得好，因为我们学校下周就要举办一场“成语大赛”了。倒霉的是，老妈居然也给我报了名。

老妈把一本厚厚的《成语词典》放到我的桌子上：“米小圈，把这本词典都背下来，你就可以成为学校的

成语状元了。”

可是这么厚一本《成语词典》，我要背到何年何月呀?！等我都背下来，说不定我都已经小学毕业了。更讨厌的是，这本《成语词典》太枯燥了，一点儿都不好看。要是成语可以像漫画一样好看那就好了。

第二天，我的好朋友姜小牙举着一本书走到我面前：“米小圈，谁说成语不可以像漫画一样好玩？这本《漫画成语》送给你，祝你成为成语状元。”

我打开这本漫画成语书，立刻就被里面啼笑皆非的情节吸引住了。天哪！我居然记住了“啼笑皆非”这个成语，我要多看几页才行，这样就可以记住更多的成语了。

同学们，快快和我一起打开这本《漫画成语》吧。

目录

狐假虎威

bān mén nòng fǔ

班门弄斧

解释

班：鲁班，古代的能工巧匠。弄：耍弄。在鲁班门前耍弄斧头。比喻在行家面前卖弄本领。

造句

米小圈居然和铁头比谁更能吃，简直就是**班门弄斧**。

近义词 反义词

近义词：布鼓雷门 不自量力

反义词：自知之明 程门立雪

班门弄斧

何伟，我要跟你比武！
挑战书
还是别比了，我怕受伤。
你不要担心，我会手下留情的！
那好吧。
何伟，接招吧！
来吧。
你怎么这么厉害？
我学了六年的跆拳道，现在已经是红带了。

huǎng rán dà wù

恍然大悟

解释

恍然：一下子清醒的样子。悟：清醒，明白。指一下子明白过来。

造句

听完郝静的解释，铁头**恍然大悟**，原来零是不能当除数的。

近义词 反义词

近义词：茅塞顿开 豁然开朗

反义词：大惑不解 百思不解

恍然大悟

潘美多，你怎么不开心呢？
姜小牙说一个星期不和我说话！
你不是也不愿意跟他说话吗？
是啊。
呜呜呜！
那你有什么好难过的？
今天是一个星期的最后一天！
原来是这样啊！

dé cùn jìn chǐ
得寸进尺

解释

得到一寸就想再进一尺。比喻贪欲无止境。

造句

姜小牙给了铁头一颗巧克力，可铁头却**得寸进尺**，他居然想要一整盒巧克力。

近义词 反义词

近义词：得陇望蜀 贪得无厌

反义词：知足常乐 知足不辱 适可而止

得寸进尺

老爸，我考了100分！
太棒了，我要给你奖励。
我要买很多漫画书。
开卷有益，没问题。
我要买一双新的足球鞋。
锻炼身体，没问题。
我要玩电脑游戏，玩上一天一夜。
哼！你整天就想着玩，漫画书和足球鞋不给你买了。

hú jiǎ hǔ wēi
狐假虎威

狐假虎威

解释

假：假借，凭借。比喻依靠他人的势力来吓唬、欺压别人。

造句

米小圈一直以为李黎仗着自己是班长，**狐假虎威**，但是后来他发现自己错了。

近义词 反义词

近义词：仗势欺人 狗仗人势

反义词：独立自主

狐假虎威

自习课不许看漫画书。
多管闲事。
一会儿魏老师来了，看你怎么办。
你总是拿魏老师来压我，典型的狐假虎威。
你是说魏老师是母老虎？
没错，而你就是那只狐狸。
米小圈，你竟然敢说我是母老虎。

hú lún tūn zǎo
囫囵吞枣

解释

囫囵：完整的，整个儿的。吃枣时不经咀嚼，整个儿吞下去。比喻学习上不加思考地笼统接受，不求充分理解。

造句

车驰是个认真的孩子，学习知识从不**囫囵吞枣**。

近义词 反义词

近义词：不求甚解　生吞活剥

反义词：细嚼慢咽　析毫剖厘　条分缕析

囫囵吞枣

谁知道
囫囵吞枣的意思？
囫囵吞枣
老师，
我知道。
有个叫囫囵
的小朋友把
枣吞了下去。
不对！
囫囵是整个儿
的意思。
我知道了，
有个叫整个儿
的小朋友把枣
吞了下去。
不对！不对！
不对！
老师，
我又知道了。
你知道个什么，
我看你就是
囫囵吞枣。

dà jīng xiǎo guài
大惊小怪

解释

对于不足为奇的事情表现得过分惊讶。

造句

米小圈平时学习不努力，所以这次考试没有及格也就没什么**大惊小怪**的了。

近义词 反义词

近义词：少见多怪

反义词：见怪不怪　习以为常　见惯不惊

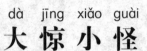

大惊小怪

铁头，数学59分。
什么，我没有及格？
我怎么可能不及格！
怎么可能不及格！绝对不可能！
铁头，有什么大惊小怪的，你不是每次都不及格吗？
好像也是啊！

gōng kuī yí kuì

功亏一篑

解释

篑：装土的竹筐。原意是装土堆山，但因差一筐土而没完成。比喻因差最后一点努力而未能成功。

造句

这个实验进入最后阶段更得小心，任何疏忽，都可能**功亏一篑**。

近义词 反义词

近义词：功败垂成 前功尽弃

反义词：大功告成 善始善终

功亏一篑

太好了，就要成功了。
再插一面旗子就行了。
把旗子给我，我来放。
不行！必须我来放。
别争了，还是我来放吧。
铁头，慢一点。
一定要小心。
我先走了，再见！
铁头，你别跑！给我回来！

bù láo ér huò
不劳而获

解释

自己不劳动而获取别人的劳动果实。

造句

世界上唯一可以**不劳而获**的就是贫穷，唯一可以不付出就不断增长的就是年龄。

近义词 反义词

近义词：坐享其成 坐收渔利

反义词：按劳取酬 自食其力

不劳而获

写作文好难啊。
我这里有一本作文书，借你看看。
哇！我要把这篇范文抄下来。
同学们，米小圈这篇作文写得和作文书上的一样好。
那当然了。
米小圈，你当我没看过这本作文书吗？你给我站起来。
呜呜……被发现了。

bān nòng shì fēi

搬弄是非

解释

是非：纠纷，口舌。指把别人说的话传来传去，有意从中挑拨是非，制造矛盾。

造句

米小圈是个从不**搬弄是非**的好孩子。

近义词 反义词

近义词：挑拨离间 无事生非

反义词：息事宁人 排难解纷

搬弄是非

铁头说你的
牙像小铲子。
哼！
这个铁头。
姜小牙说
你是大头。
姜小牙，
我不会放过他。
讨厌的
铁头。
讨厌的
姜小牙。
等一下，
这里面一定有
人在搬弄是非。
原来是
你搞的鬼。
不能
放过他！
我，
我错了。

diào hǔ lí shān

调虎离山

解释

设法使老虎离开山头。比喻用计谋使对方离开原来的地方，以便乘机行事。

造句

要不是米小圈使了一招**调虎离山**计把铁头支开了，恐怕现在自己的午餐早就被吃光了。

近义词 反义词

近义词：声东击西　围魏救赵

反义词：引狼入室　放虎归山

调虎离山

哇！今天的午餐真丰盛呀！
姜小牙，老师叫你去办公室一趟。
哇！好丰盛的午餐呀！
姜小牙，我并没有叫你来办公室呀！
不好，我中了调虎离山计了。
把我的比萨饼还给我。
真好吃呀。

bàn jīn bā liǎng

半斤八两

解释

八两：即半斤，旧制一斤等于十六两。比喻彼此相同，不分上下。

造句

铁头和张爽的学习成绩简直就是**半斤八两**，可这次考试他们却偏要一较高下，真拿他们没办法。

近义词 反义词

近义词：不相上下 不分伯仲 势均力敌

反义词：截然不同 大相径庭 天差地远

半斤八两

铁头，你这次数学考了59分。
什么？又没及格？呜呜……
姜小牙，你这次数学考了58分。
什么？不可能吧！
哈哈，我比姜小牙高1分。
米小圈，你这次数学考了57分。
哈哈，我比米小圈高1分。
哈哈哈哈，我比米小圈高2分。
你们三个简直就是半斤八两，有什么可得意的？！

huà bǐng chōng jī

画饼充饥

解释

充饥：解饿。画饼子来缓解饥饿。比喻虚幻的东西于事无补。也比喻用空想来自我安慰。

造句

不切实际的空想犹如**画饼充饥**，于事无补。

近义词 反义词

近义词：望梅止渴 指雁为羹

反义词：名副其实 脚踏实地

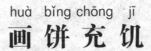

画饼充饥

我好饿呀。
铁头，我给你画一张饼吧。
好像还真的不饿了。
对吧。
铁头，我请你吃全家桶。
我看着这张画就已经饱了。
KF
说明我画得太好了。
铁头不吃，我们吃。
KF

guò hé chāi qiáo

过河拆桥

解释

比喻达到目的后就抛弃帮助过自己的人。

造句

这种**过河拆桥**的人，下次没人会帮他的忙。

近义词 反义词

近义词：恩将仇报　得鱼忘筌

反义词：感恩图报　没齿不忘　饮水思源

过河拆桥

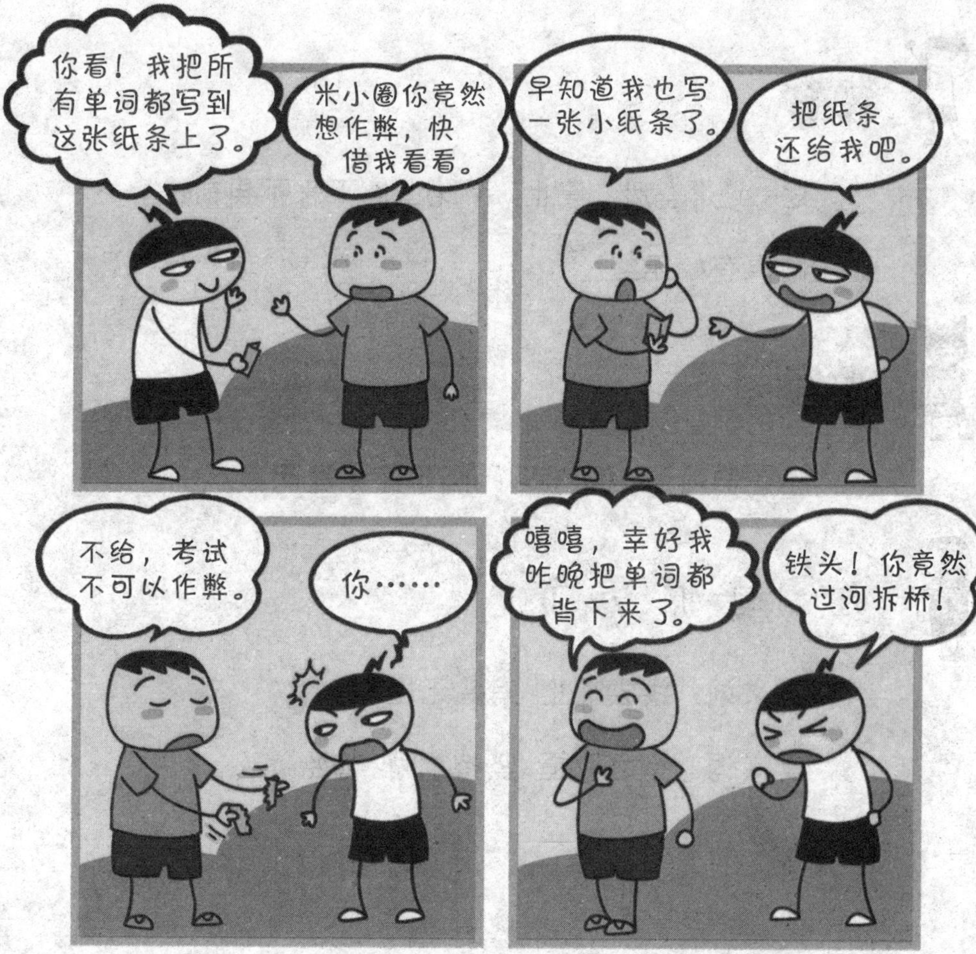
你看！我把所有单词都写到这张纸条上了。
米小圈你竟然想作弊，快借我看看。
早知道我也写一张小纸条了。
把纸条还给我吧。
不给，考试不可以作弊。
你……
嘻嘻，幸好我昨晚把单词都背下来了。
铁头！你竟然过河拆桥！

bàn tú ér fèi

半途而废

解释

途：道路。废：停止。半路上停下来不再前进。比喻做事有始无终。

造句

爸爸教育米小圈学习画画不能**半途而废**。

近义词 反义词

近义词：浅尝辄止 有头无尾

反义词：持之以恒 坚持不懈 善始善终

半途而废

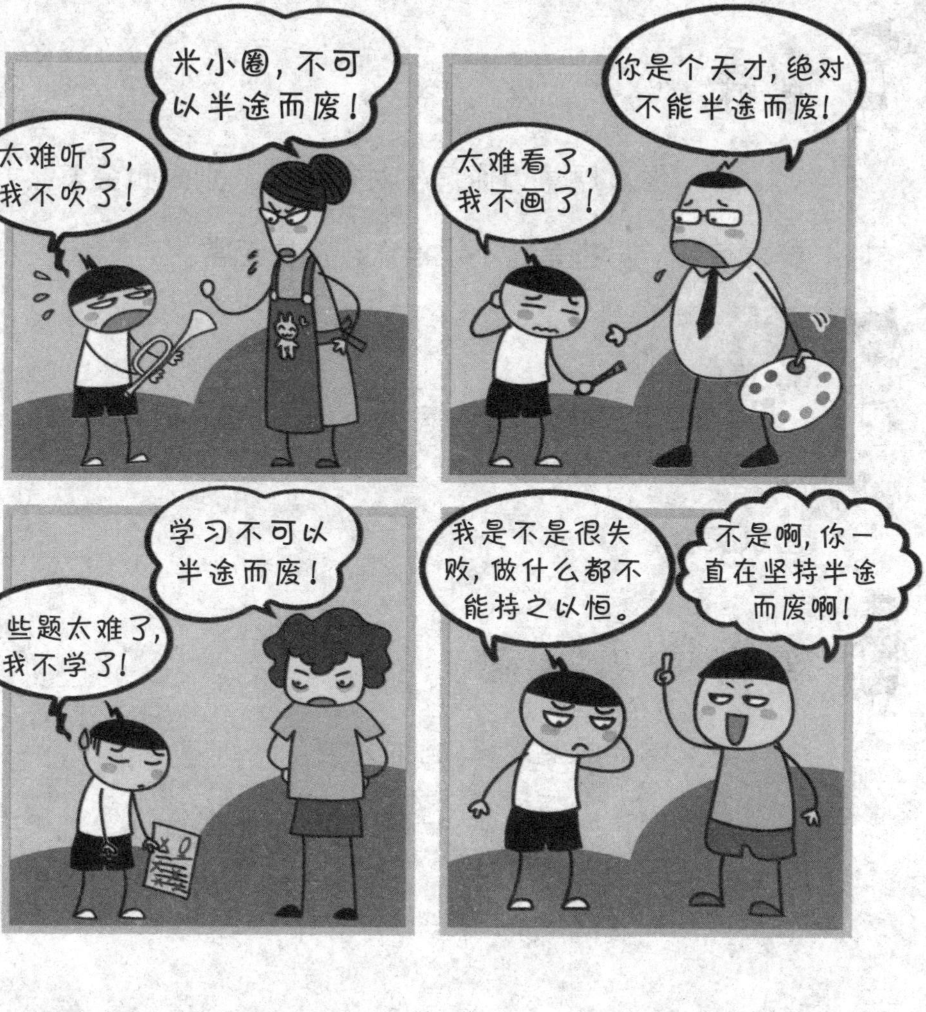

太难听了，我不吹了！
米小圈，不可以半途而废！
太难看了，我不画了！
你是个天才，绝对不能半途而废！
这些题太难了，我不学了！
学习不可以半途而废！
我是不是很失败，做什么都不能持之以恒。
不是啊，你一直在坚持半途而废啊！

chū ěr fǎn ěr

出尔反尔

解释

尔：你。原意为你怎样对待别人，别人也会怎样对待你。后指言行不讲信义，反复无常。

造句

别看铁头有时候说话颠三倒四的，但是他从不**出尔反尔**。

近义词 反义词

近义词：反复无常 言而无信

反义词：一诺千金 一言为定 言出必行

出尔反尔

铁头，该你请吃冰激凌了。
可惜我没有钱呀。
真抠门。
如果我有钱，你们想吃多少我就请你们吃多少。
你啥时候能有钱呀？
看来永远都吃不到了。
谁说你没钱，这不是你的储钱罐吗？
哎呀！爸爸，不要拿出来。
铁头，请客吧。
铁头，你不讲信用。
铁头，你出尔反尔。

dǎo bèi rú liú
倒背如流

解释

背：背诵。倒着背诵，像流水一样顺畅。形容把诗文背得非常熟练。

造句

别看大牛的年龄小，可是他已经能够将《论语》**倒背如流**了。

近义词 反义词

近义词：滚瓜烂熟

反义词：半生不熟

倒背如流

桃花潭水深千尺，
不及汪伦送我情。
李黎，
这首古诗你真
是倒背如流呀！
米小圈，
你来背。
这有什么
了不起？
你背的是什么
乱七八糟的。
声歌踏上岸闻忽，
行欲将舟乘白李。
谁让你真的
倒着背呀。
我在倒着背呀，
老师，你不是说
要倒背如流吗？

fēi é pū huǒ
飞蛾扑火

解释

蛾：像蝴蝶似的昆虫。飞蛾扑到火上。比喻自寻死路，自取灭亡。

造句

老师讲在雷雨天拿着一根铁棒站在空旷的室外，就相当于**飞蛾扑火**。

近义词 反义词

近义词：自取灭亡

反义词：全身远害 防患未然 全身而退 安然无恙

飞蛾扑火

谁来解释下“飞蛾扑火”这个成语？
老师，我来！
铁头，你看！汉堡。
这就是“飞蛾扑火”吗？
姜小牙明知道铁头看见食物就会激动，他还敢拿出汉堡，这不就是“飞蛾扑火，自取灭亡”吗？

chèn huǒ dǎ jié

趁火打劫

解释

趁人家失火而忙乱时去抢东西。比喻趁人之危捞取好处。

造句

当别人遇到难处时我们应该主动提供帮助，绝不能**趁火打劫**。

近义词 反义词

近义词：顺手牵羊 乘人之危

反义词：济困扶危 除暴安良

趁火打劫

铁头，你看！一车的橘子。
好想吃呀。
小心呀！
老伯，你醒一醒。
我绝对不能吃，这是在趁火打劫。
铁头，别发呆了，快去叫人来。

bù jiǎ sī suǒ

不假思索

解释

假：凭借、依靠。不经过考虑。形容说话、做事非常敏捷，也指言行欠考虑。

造句

张爽说话总是**不假思索**，因此得罪了很多同学。

近义词 反义词

近义词：脱口而出

反义词：深思熟虑 苦思冥想

不假思索

米小圈，玩一会儿就去画画。
好的。
米小圈，晚上吃红烧鸡翅好不好？
好的。
米小圈，这套漫画书送给我好不好？
好的。
米小圈真是太慷慨了。
你说什么？把漫画书还给我。

ài bú shì shǒu
爱不释手

解释

爱：喜爱。释：放下。喜爱到了极点而舍不得放下。

造句

车驰非常喜欢《森林学院》这本书，简直是**爱不释手**，连睡觉都抱着它。

近义词 反义词

近义词：爱不忍释 如获至宝

反义词：不屑一顾 弃若敝屣

爱不释手

谁来说说看，你对什么东西爱不释手？
我最喜欢看书，所以我对书爱不释手。
不错！
我最喜欢芭比娃娃，所以我对芭比娃娃爱不释手。
很好！
我最喜欢球鞋，所以我对我的球鞋爱不释手。
把鞋给我穿上！

猜成语

（答案见 132 页）

猜成语

（答案见 132 页）

bù kān yì jī
不堪一击

解释

堪：经得起。经受不起一打。形容力量薄弱。

造句

拔河比赛上，米小圈所在的队伍真是**不堪一击**，第一轮就被淘汰了。

近义词 反义词

近义词：一触即溃 势单力薄

反义词：无懈可击 牢不可破

不堪一击

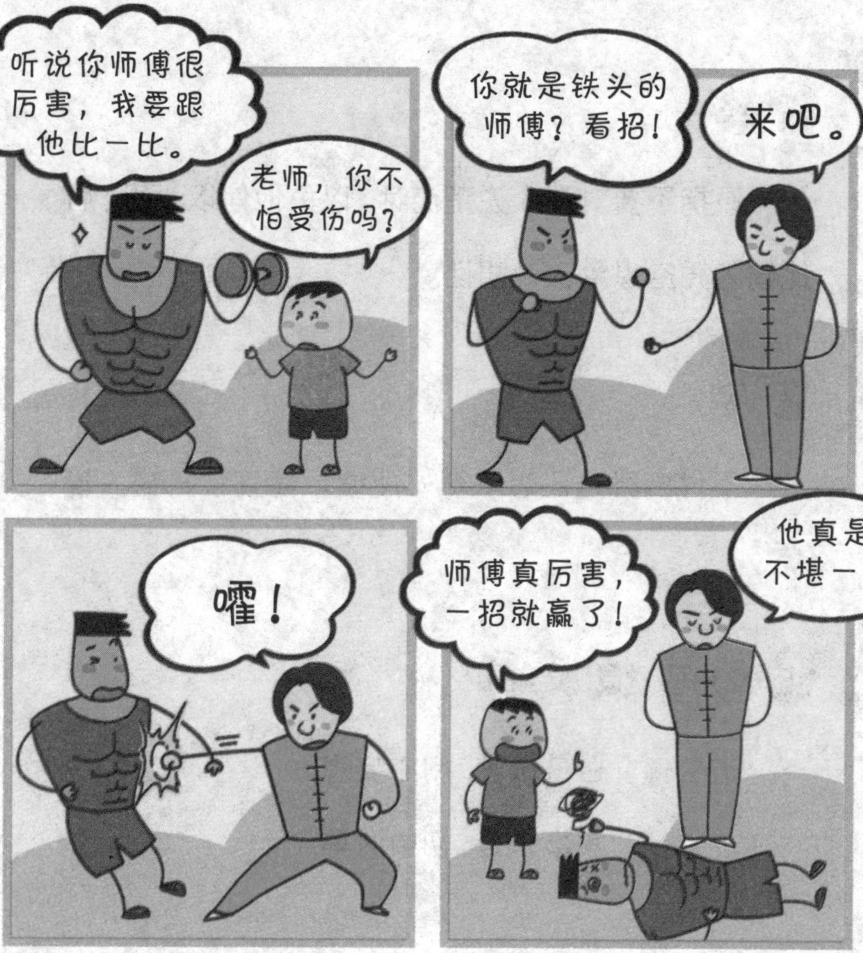

听说你师傅很厉害，我要跟他比一比。
老师，你不怕受伤吗？
你就是铁头的师傅？看招！
来吧。
嚯！
师傅真厉害，一招就赢了！
他真是不堪一击。

chī rén shuō mèng

痴人说梦

解释

原指不要对蠢人说荒唐话，以免他信以为真。后比喻人凭空想象，说胡话。

造句

不付出努力还想取得好成绩，简直就是**痴人说梦**。

近义词 反义词

近义词：白日做梦 痴心妄想

反义词：实事求是 切中时弊

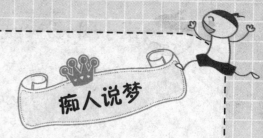

痴人说梦

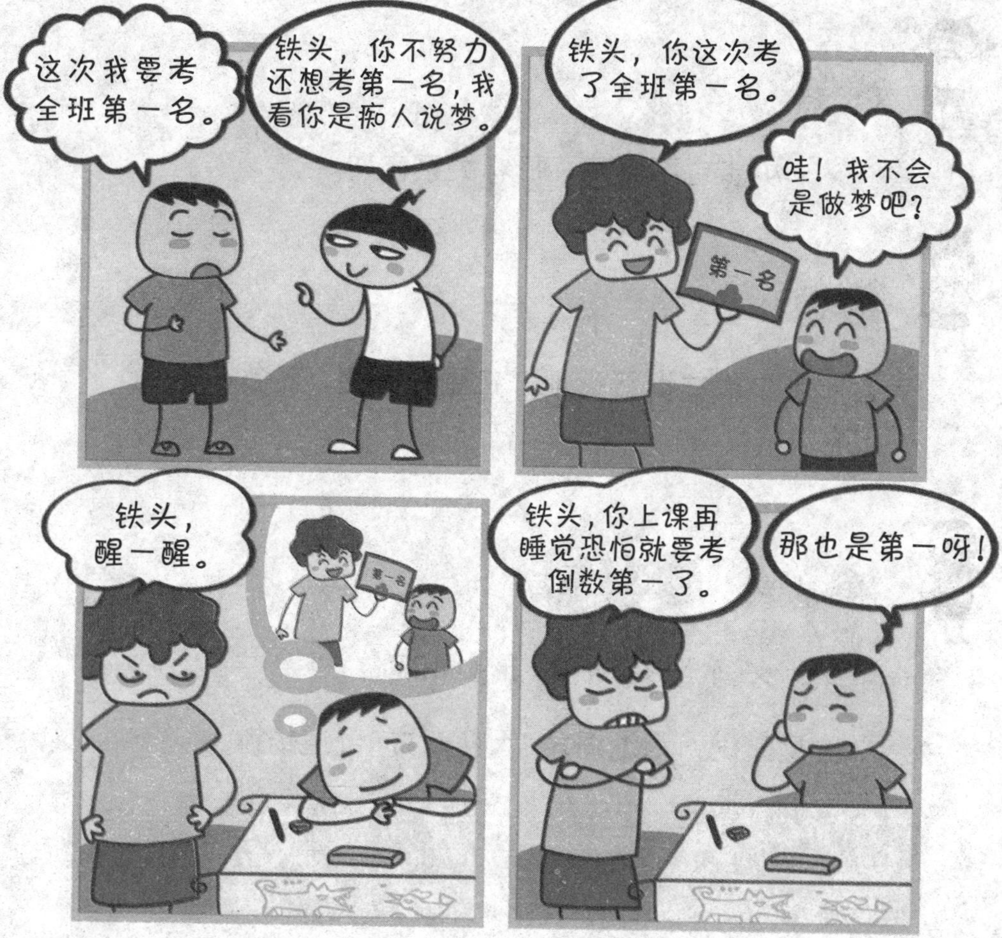

这次我要考全班第一名。
铁头，你不努力还想考第一名，我看你是痴人说梦。
铁头，你这次考了全班第一名。
哇！我不会是做梦吧？
第一名
铁头，醒一醒。
铁头，你上课再睡觉恐怕就要考倒数第一了。
那也是第一呀！

cùn bù bù lí
寸步不离

解释

一小步也不离开。形容关系密切。

造句

米小圈**寸步不离**地守在蛋糕旁边，怕铁头来偷吃。

近义词 反义词

近义词：形影不离 形影相随

反义词：天涯海角 天各一方 分道扬镳

寸步不离

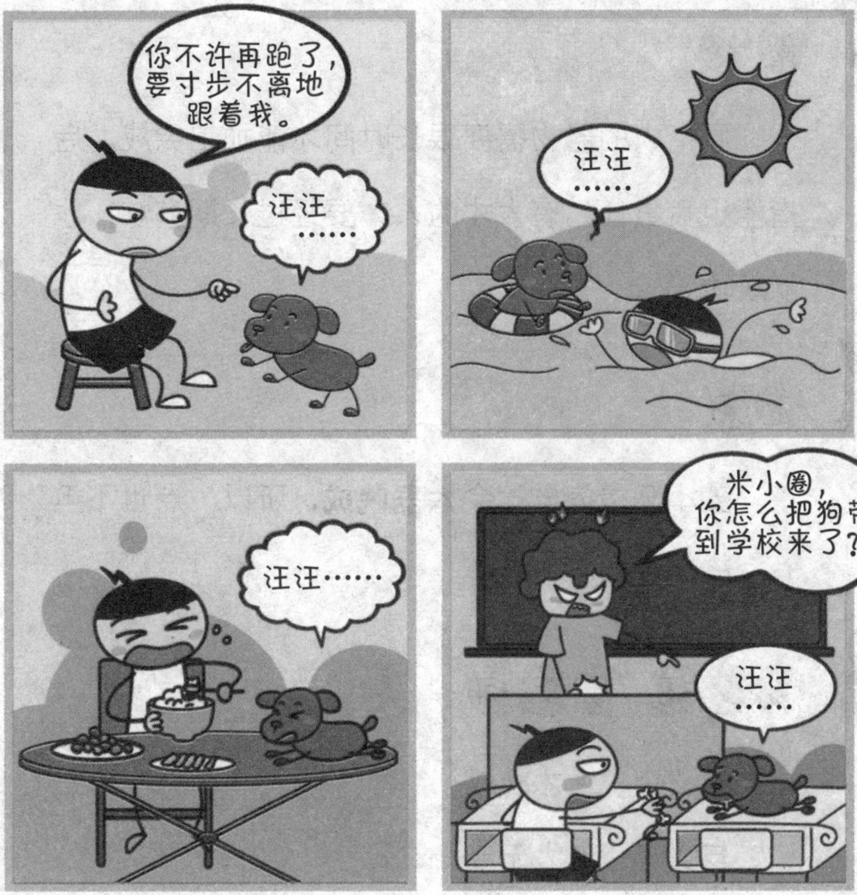
你不许再跑了，要寸步不离地跟着我。
汪汪……
汪汪……
汪汪……
米小圈，你怎么把狗带到学校来了？
汪汪……

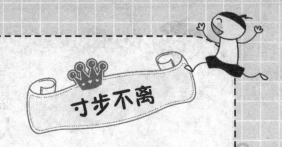

dà qì wǎn chéng

大器晚成

解释

原指大的器物需要很长时间才能加工完成。后指能担负重任、有大才的人，要经过长期磨炼，才能成功。

造句

姜小牙相信自己会**大器晚成**，所以一点也不担心自己现在学习不好。

近义词 反义词

近义词：大才晚成

反义词：老大无成

大器晚成

米小圈，你将来肯定会成为一位非常著名的画家。
真的吗？
爸爸，我怎么还没成为著名画家呀？
别急，你才20岁，还年轻。
爸爸，我都40岁了，还没成为著名画家呀？
你这叫大器晚成，别急。
爸爸，我都80岁了，什么时候能成为著名画家呀？爸爸，你倒是说话呀。

dù rì rú nián

度日如年

解释

过一天好像过一年似的。形容日子很不好过。

造句

这么热的天气还要到学校里上课，米小圈感觉自己**度日如年**。

近义词 反义词

近义词：岁月难熬 一日三秋

反义词：光阴似箭 日月如梭

度日如年

好无聊啊。
终于下课了。
是呀！上魏老师的课总有种度日如年的感觉。
你说什么？
米小圈，我让你尝一尝什么叫真正的度日如年。
老师，你要做什么？
这是今年的所有作业，今天晚上把它写完。
啊？啊！

duì niú tán qín

对牛弹琴

解释

比喻讲话不看对象，对外行人说内行话或对不讲理的人讲理。

造句

米小圈想要告诉铁头暴饮暴食的害处，不过他感觉自己是在**对牛弹琴**。

近义词 反义词

近义词：徒劳无功 无的放矢

反义词：有的放矢 因材施教

对牛弹琴

真好听呀。
铁头，看来你还是蛮懂音乐的嘛。
你的钢琴弹的真不错。
钢琴？你确定这是钢琴？
我还知道最有名的钢琴曲叫《十面埋伏》。
那好像是一首琵琶曲呀。
我真是在对牛弹琴，不弹了。

huǎn bīng zhī jì

缓兵之计

解释

缓：延缓，推迟。延缓对方进兵的计策。比喻拖延时间，使事态暂时缓和，以便设法对付的策略。

造句

徐豆豆想用忘带书包来掩盖自己没写作业的实情，但是她的**缓兵之计**没有奏效，爸爸把书包送到了学校。

近义词 反义词

近义词：权宜之计

反义词：兵贵神速

缓兵之计

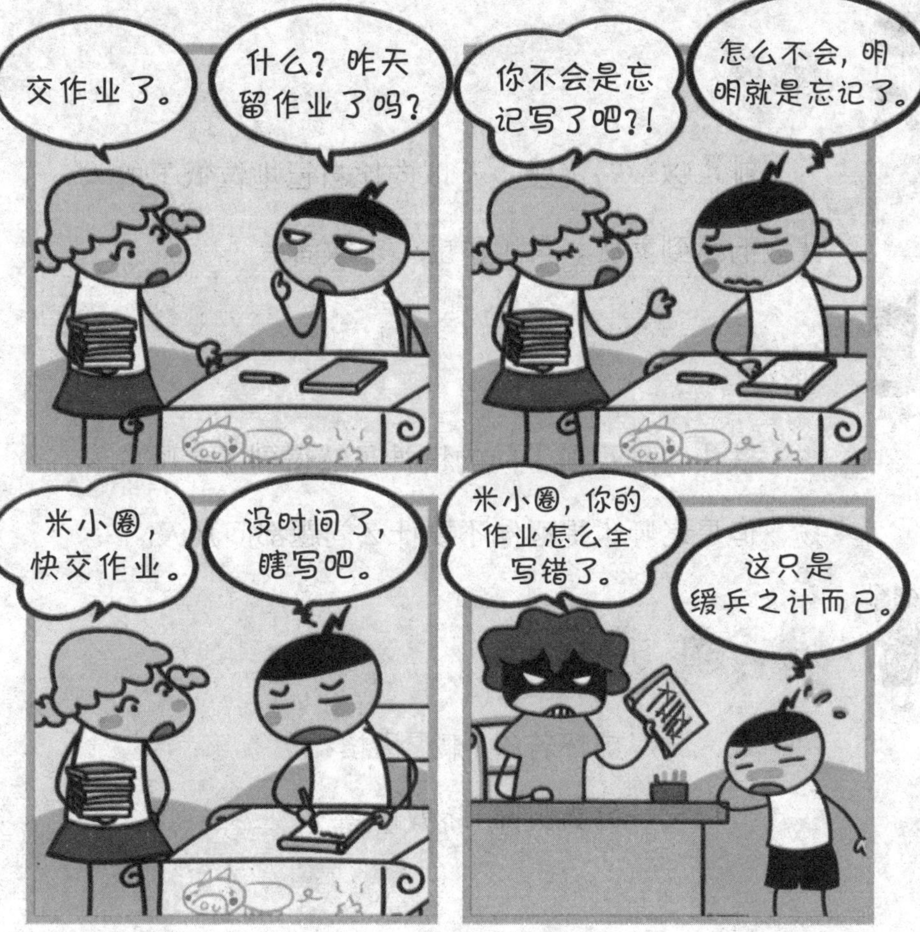
交作业了。
什么？昨天留作业了吗？
你不会是忘记写了吧？！
怎么不会，明明就是忘记了。
米小圈，快交作业。
没时间了，瞎写吧。
米小圈，你的作业怎么全写错了。
这只是缓兵之计而已。

bù chǐ xià wèn
不耻下问

解释

耻：以……为耻。不以向比自己地位低下的人请教而感到羞耻。常用于虚心求教者。

造句

铁头这种**不耻下问**的精神虽然得到了老师的表扬，但是老师也提醒他不要什么问题都问别人。

近义词 反义词

近义词：虚怀若谷 谦虚谨慎

反义词：好为人师 骄傲自满

不耻下问

同学们，你们知道什么是不耻下问吗？
我知道。
向学问比自己低的人学习，不觉得丢人，这就叫不耻下问。
很好！米小圈，你不耻下问过吗？
一次小测验，我回头问考倒数第一名的铁头会不会那些单词。
结果是不是被老师发现了？
结果我和铁头就并列倒数第一了。
哈哈，没错！

chēng xīn rú yì

称心如意

解释

称：符合。完全合乎心意。

造句

米小圈过生日，爸爸送给他一个飞机模型，这真是一个**称心如意**的礼物。

近义词 反义词

近义词：心满意足 尽如人意

反义词：事与愿违 差强人意

称心如意

姜小牙，明天是我的生日。
我一定送你一份礼物。
我该送什么礼物给米小圈呢？
我知道！
米小圈，生日快乐。
谢谢姜小牙。
哇！这是我最称心如意的礼物。
一猜你就喜欢。

bǎi sī bù jiě

百思不解

解释

反复思考也不能理解。

造句

为什么爸爸非要逼自己成为一名画家？米小圈对此**百思不解**。

近义词 反义词

近义词：大惑不解 百思莫解

反义词：恍然大悟 豁然贯通

百思不解

小圈哥，你知道世界上最难的脑筋急转弯题是什么吗？
让我想一想。
到底是什么呢？
到底哪个急转弯题最难呀？
还是我来公布答案吧。
就是你猜不出来的这一道啊。
原来如此。

duō duō bī rén

咄咄逼人

解释

咄咄：让人惊惧的叹词。形容人气势汹汹、盛气凌人的样子。后指形势发展迅速，给人以压力。

造句

面对李黎**咄咄逼人**的样子，米小圈终于承认自己错了。

近义词 反义词

近义词：盛气凌人 气势汹汹

反义词：和颜悦色 平易近人

咄咄逼人

米小圈，你为什么不写作业？
忘记了。
这样是不对的，难道你不知道吗？
哼！多管闲事，讨厌鬼。
你们为什么吵架？
李黎咄咄逼人。
米小圈没写作业。
米小圈，你为什么不写作业？
老师，我再也不敢了。

bú sù zhī kè

不速之客

解释

速：邀请。没有受到邀请而突然到来的客人。

造句

大牛可能还不知道，对于米小圈来说，他是一位不速之客。

近义词 反义词

近义词：不期而遇

反义词：扫榻以待 如期而至

不速之客

米小圈，快去开门。
好的。
怎么是你？
为什么不能是我？
阿姨，米小圈今天没写作业，我是来监督他写作业的。
米小圈，你为什么不写作业？
不好！被发现了。
快点写！
你真是个不速之客。

bù qiú shèn jiě

不求甚解

解释

甚：很，极。原指读书只领会要旨，不过于在字句上花工夫。后指读书只领会大意，不求彻底理解。

造句

铁头说这学期一定要把自己**不求甚解**的坏毛病改掉。

近义词 反义词

近义词：囫囵吞枣

反义词：寻根究底 刨根究底

不求甚解

我写完作业了，你可以自己回家了吧？
让我看看。
这道题可以用七种算法去做，你为什么只用了一种？
能算出来就行了呗。
米小圈，老师说学习不可以不求甚解。
李黎，你真的好烦呀。
阿姨，米小圈说我烦。
米小圈，你太过分了。
妈妈，我受不了了。

bié yǒu yòng xīn
别有用心

解释

用心：居心。心中另有打算。现多指心里打着坏主意。

造句

他说这种话肯定是**别有用心**，你千万要小心。

近义词 反义词

近义词：居心叵测 心怀鬼胎

反义词：襟怀坦白 心口如一

别有用心

昨晚李黎竟然来我家监督我写作业。
你同桌对你可真好。
好什么呀，我怀疑她是别有用心。
不能吧？
今天米小圈的作业写得很好。
老师，是我昨晚监督他写的。
李黎是个品学兼优、助人为乐的好学生。
老师，您过奖了。
哼！我就说她别有用心吧。

huà lóng diǎn jīng

画龙点睛

解释

画龙时先画龙的全身，最后再点上龙眼。比喻文艺创作或讲话在紧要之处着上关键的一笔，或用一两句精彩的话点明要旨，使之更为精辟传神、生动有力。也泛指处事突出重点。

造句

米小圈往自己的画上多画了一笔，本想**画龙点睛**，却变成了画蛇添足。

近义词 反义词

近义词：锦上添花　点石成金

反义词：画蛇添足　弄巧成拙

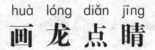

画龙点睛

李黎，
你在画什么？
我在画一只
小花猫。
李黎不在，我来
画龙点睛一下。
李黎，猫眼有那
么大吗？
老师，有人
改了我的画。
可恶！
到底是谁？
嘻嘻……

bù dǎ zì zhāo

不打自招

解释

没有经过拷打，自己就已经招供。比喻无意中讲出了自己的真实意图。

造句

还没等老师问班级的窗户是怎么坏的，姜小牙就**不打自招**了。

近义词 反义词

近义词：不攻自破 欲盖弥彰

反义词：讳莫如深 守口如瓶

不打自招

米小圈，
你笑什么？
没笑什么呀。
是不是你改了
我画的小花猫？
绝对不是。
谁改我的小花猫
就掉进臭水沟。
太过分了，你
居然诅咒我？
你看！不打自招
了吧。
不好！
说漏嘴了。

guǎ bù dí zhòng
寡不敌众

解释

寡：少。敌：匹敌，抵挡。人少的抵挡不住人多的。

造句

米小圈得罪了李黎，结果一群女生围了过来，为李黎评理，米小圈**寡不敌众**，很快就败下阵来。

近义词 反义词

近义词：众寡悬殊

反义词：势均力敌 旗鼓相当 以少胜多

寡不敌众

dāi ruò mù jī
呆若木鸡

解释

呆：痴呆。痴呆得像只木头做的鸡。形容呆笨或因恐惧、惊讶而发愣的样子。

造句

当魏老师问问题时，米小圈**呆若木鸡**地看着她。

近义词 反义词

近义词：目瞪口呆 瞠目结舌

反义词：生龙活虎

呆若木鸡

米小圈，你来解释下“呆若木鸡”这个成语。
米小圈，米小圈，米小圈！
同学们，大家看，这就叫呆若木鸡。
ZZZ
莫老师，米小圈睁着眼睛睡着了。

duàn zhāng qǔ yì

断章取义

解释

原指截取某篇文章中的一部分，以表达自己的意思。后指不顾全篇或整个谈话的内容，孤立地摘取其中的一段或一句。

造句

我们对待任何事物都要理解全面，切不可**断章取义**。

近义词 反义词

近义词：断章截句

反义词：面面俱到

断章取义

我们应该养成节约用水的好习惯。
节约用水
老师，我明白了。
米小圈，快去洗澡。
不行！我要节约用水。
米小圈，你身上怎么臭乎乎的？
一周后
他的脸也好像很久没洗了。
这一周我一滴水都没有用，够节约了吧？
你这是断章取义！谁说让你不用水了？

bú wù zhèng yè

不务正业

解释

务：从事。不做正当工作。也指不重视本职工作而去干其他事情。

造句

姜小牙希望自己不要成为一个**不务正业**、游手好闲的人。

近义词 反义词

近义词：好逸恶劳 不求上进

反义词：奋发图强 埋头苦干

不务正业

米小圈，你不务正业，上数学课时竟然画画？
不好！被发现了。
我想成为一名画家，老师你却说我不务正业，好伤心啊。
是老师不对，不该阻止你的梦想。
现在是美术课，米小圈你竟然在做数学题？
老师，我立志要成为一名数学家。
少来这一套，班主任说你想成为一名画家。
不好！穿帮了。

猜成语

（答案见 132 页）

猜成语

（答案见132页）

fàng hǔ guī shān

放虎归山

解释

比喻放走对手，遗患无穷。

造句

这次一定要把他逮捕归案，如果让他逃了，就是放虎归山。

近义词 反义词

近义词：后患无穷 姑息养奸

反义词：斩草除根 除恶务尽

放虎归山

又逮到一只老鼠。
老鼠好可怜啊。
老鼠偷吃粮食，有什么可怜的？
这只老鼠要是死了，它的爸爸、妈妈、兄弟、姐妹、叔叔、阿姨该多伤心呀。
仓
不要呀！
我替你把它放了吧。老鼠，快跑！
米小圈，都怪你放虎归山。
这是老鼠又不是老虎。

diāo chóng xiǎo jì

雕虫小技

解释

虫：指鸟虫书，我国古代的一种篆书，笔画像鸟虫形。雕刻鸟虫书的小技巧。比喻微不足道的技能。

造句

和潘美多的才艺表演一比，姜小牙的表演简直就是**雕虫小技**。

近义词 反义词

近义词：鸡鸣狗盗

反义词：屠龙之技

雕虫小技

dào tīng tú shuō

道听途说

解释

路上听来又在路上传播出去，随便传说不可靠的消息。指没有根据的传闻。

造句

徐豆豆有个坏毛病，就是喜欢**道听途说**。

近义词 反义词

近义词：捕风捉影 以耳代目

反义词：言之凿凿 有根有据

道听途说

我听小道消息说，今年不用考试了。
太棒了！
真的假的呀？
同学们，下周就要考试了，大家要抓紧时间复习。
什么？
老师，我听说期末考试取消了呀？
你听谁说的？简直是白日做梦。
你就爱道听途说！

cuò shǒu bù jí

措手不及

解释

措手：着手处理。事情突然发生，来不及应付处理。

造句

寒假作业还没写完就要开学了，米小圈顿时感到**措手不及**。

近义词 反义词

近义词：猝不及防

反义词：应对自如 未雨绸缪

措手不及

铁头你
在干什么？
考试时，你竟然
看漫画书？
老师，
我错了。
还有五分钟就
要交卷了，你
还不赶快写。
什么？只有
五分钟了？
来不及了，
怎么办呀？

dà jīng shī sè
大惊失色

解释

失色：变了脸色。形容非常惊恐，吓得脸色都变了。

造句

一条毛毛虫就能使周然同学**大惊失色**，他也太胆小了。

近义词 反义词

近义词：胆战心惊 惊恐万状

反义词：不动声色 泰然自若

大惊失色

铁头，复习得怎么样呀？
放心吧，那些数学题我都会做了。
今天我们考英语。
什么？
大家赶快答题吧。
啊？不可能，绝对不可能。
铁头，你喊什么？
呜呜，我以为今天考数学呢，一个单词都没有背。

chuí tóu sàng qì

垂头丧气

解释

低垂着脑袋，精神不振作。形容情绪低落的样子。

造句

得知今天的少儿足球赛取消后，米小圈和姜小牙**垂头丧气**地回家了。

近义词 反义词

近义词：灰心丧气 无精打采

反义词：神采飞扬 精神抖擞

垂头丧气

铁头，你怎么垂头丧气的？
爸爸，我没考好。
什么？你考了多少分？
我只考了80分。
不错呀！你比爸爸当年强多了。
真的吗？
什么？
可是我三门成绩加起来才80分。
数学30
语文30
英语20

bù jū xiǎo jié

不拘小节

解释

拘：拘泥。不拘泥于生活小事。多指人豪爽洒脱，在生活小事上非常随便。

造句

肌肉老师这个人什么都好，就是有点**不拘小节**。

近义词 反义词

近义词：不成体统 不修边幅

反义词：洁身自好 谨小慎微

不拘小节

张爽，
你怎么能乱
扔垃圾呢？
哼！多管闲事。
张爽，
你多久没洗澡了？
讨厌，
离我远点。
张爽，
你竟然在桌子
上画画？
走开。
我们一起去
踢球好不好？
我们才不和
不拘小节的
人一起玩呢。
没错。

duì zhèng xià yào

对症下药

解释

症：病症，病情。医生针对病情开方用药。比喻针对问题所在，采取有效办法处理。

造句

缺点和疾病一样，需要**对症下药**才能药到病除。

近义词 反义词

近义词：有的放矢

反义词：无的放矢 冬扇夏炉 南辕北辙

对症下药

大家应该帮助张爽改正错误，不该疏远他。
可是张爽不听我们的。
我们应该对症下药。
老师，我有办法了。
米小圈真爱劳动，我们一起玩好不好？
还有我，也要跟米小圈一起玩。
我再也不乱扔东西了。我也想跟你们一起玩。
好吧！

diān sān dǎo sì
颠 三 倒 四

解释

错乱无序。形容人言行没有条理。

造句

姜小牙英文说得**颠三倒四**的，但是外国小朋友却听懂了。

近义词 反义词

近义词：语无伦次 杂乱无章

反义词：有条不紊 按部就班

颠三倒四

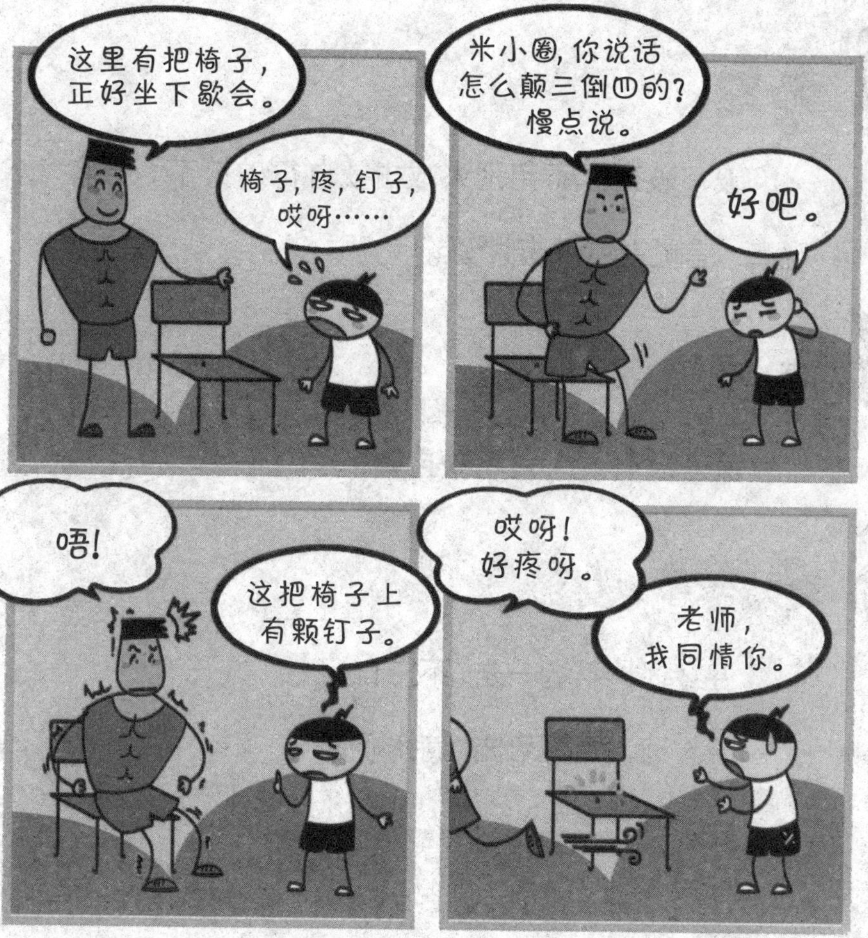
这里有把椅子，正好坐下歇会。
椅子，疼，钉子，哎呀……
米小圈，你说话怎么颠三倒四的？慢点说。
好吧。
唔！
这把椅子上有颗钉子。
哎呀！好疼呀。
老师，我同情你。

bù gōng zì pò

不攻自破

解释

破：破灭。不用别人攻击就自行破灭了。形容观点、言论等经不起批驳。

造句

谎言总有一天会**不攻自破**。

近义词 反义词

近义词：不堪一击 不打自招

反义词：无懈可击 滴水不漏

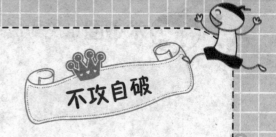

不攻自破

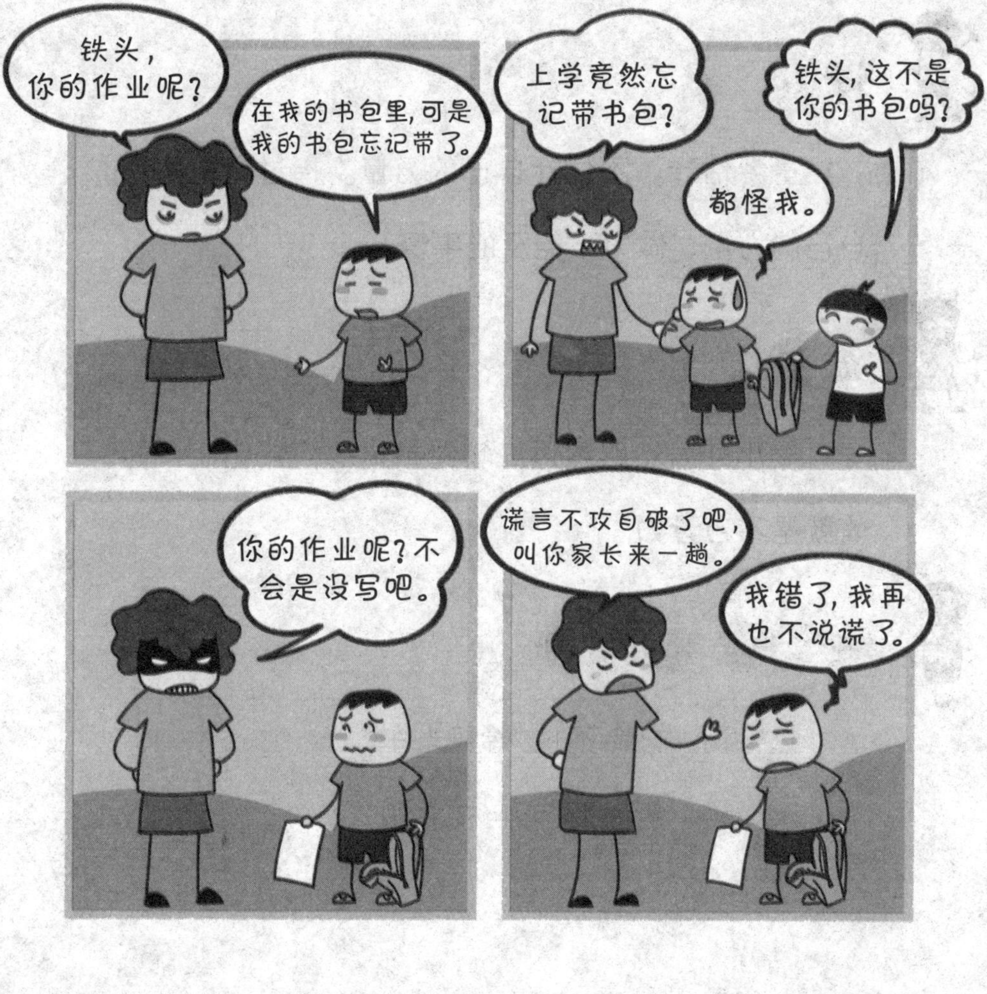

铁头，你的作业呢？
在我的书包里，可是我的书包忘记带了。
上学竟然忘记带书包？
都怪我。
铁头，这不是你的书包吗？
你的作业呢？不会是没写吧。
谎言不攻自破了吧，叫你家长来一趟。
我错了，我再也不说谎了。

bú zì liàng lì

不自量力

解释

量：估计。不估计自己的力量。指过高地估计自己的力量，做力不能及的事情。

造句

姜小牙居然跟练过三年跆拳道的何伟比武，简直就是**不自量力**。

近义词 反义词

近义词：自命不凡 螳臂当车

反义词：量力而行 自知之明

不自量力

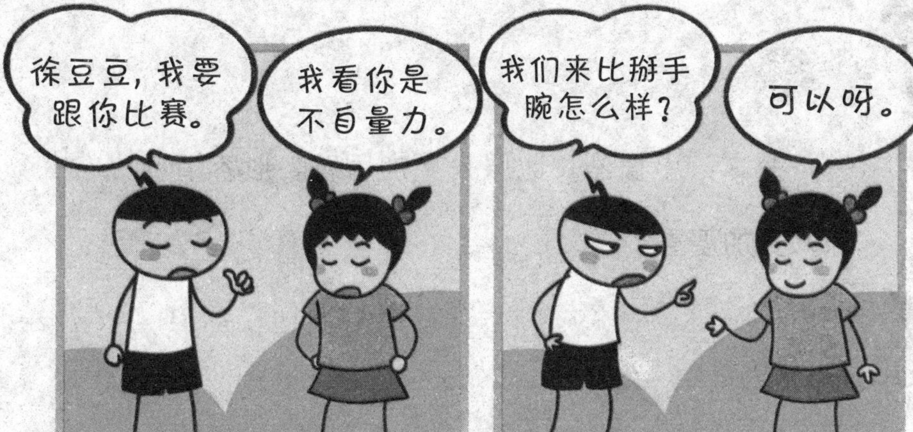
徐豆豆，我要跟你比赛。
我看你是不自量力。
我们来比掰手腕怎么样？
可以呀。
哎呀！好疼。
米小圈，你力气好小呀。
呜呜……我的手骨折了。
哈哈，我赢了。

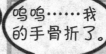

biàn běn jiā lì

变本加厉

解释

变本：更猛烈。比原来更加厉害。形容情况比原来更加严重。

造句

他非常清楚自己的缺点，然而他不但没有改正自己的错误，反而更加**变本加厉**。

近义词 反义词

近义词：火上浇油 雪上加霜

反义词：举重若轻 大事化小

变本加厉

米小圈，我们比掰手腕吧。
走开，我的右手已经残了。
可是你还有左手呀。
那也不跟你比。
来吧来吧。
放开我。
我的右手已经骨折了，你为什么还要变本加厉地伤害我的左手？呜呜……
比赛之后

gān bài xià fēng

甘拜下风

解释

甘：甘愿，乐意。下风：风所吹的方向的下方。指真心实意地佩服别人，甘心居于下方。

造句

何伟的跆拳道非常厉害，经过几轮切磋，铁头只好**甘拜下风**。

近义词 反义词

近义词：五体投地 心悦诚服

反义词：目空一切 妄自尊大

甘拜下风

米小圈，我
要跟你比赛。
我都这样了，
怎么跟你比？
我们来比
谁的头硬吧。
不比，
绝对不比。
不比可不行。
放过我吧。
米小圈，你
服不服？
服了，
我甘拜下风
还不行吗？

dà shī suǒ wàng
大失所望

解释

所望：所希望的。原来所希望的都落空了。形容非常失望。

造句

米小圈生日时，爸爸只给他买了画板，为此他**大失所望**。

近义词 反义词

近义词：事与愿违

反义词：大喜过望 喜出望外

大失所望

dé bù cháng shī

得不偿失

解释

偿：补偿。得到的少，损失的多，两者不能抵偿。

造句

姜小牙为了获得一次表扬，把爸爸的钱包拿到了学校，谎称是自己捡到的，结果事情败露，被老师狠狠地批评了一顿，真是**得不偿失**。

近义词 反义词

近义词：因小失大 以珠弹雀

反义词：亡羊得牛 抛砖引玉

得不偿失

李黎，有一道题我想向你请教一下。
考试时，不能向我请教。
看来只有使出我的绝招了。
¥10
李黎，你脚下有十元钱，是你掉的吗？
真的吗？
老师，我交卷子，我在地上捡了十元钱。
真是个拾金不昧的好孩子。
呜呜……我的钱。

bù kě sī yì

不可思议

解释

原为佛教用语，指语言和思维无法达到的神妙境界。后泛指无法想象，难于理解。

造句

铁头居然能在这次智力测试中脱颖而出，真是让人**不可思议**。

近义词 反义词

近义词：莫名其妙 不堪设想

反义词：一目了然 显而易见 可想而知

不可思议

好惨呀，这次才考了75分。
哈哈，米小圈你还不如我呢。
铁头，你竟然考了100分，这太不可思议了。
有什么不可思议呀，我就不能考一回满分吗？
铁头，你居然在你的卷子上动手脚。
不好！被发现了。
到底是怎么回事？
老实交待。
其实我只考了10分，我在后面加了一个0而已。
哈哈哈哈哈……

shēng dōng jī xī
声东击西

解释

声：声张。嘴里说要攻打东边，实际上却攻打西边。形容制造假象用来迷惑对手的出奇制胜的战术。

造句

教练告诉米小圈，踢足球也讲究**声东击西**、出其不意。

近义词 反义词

近义词：出其不意 出奇制胜 调虎离山

反义词：说一不二

声东击西

huái cái bú yù

怀才不遇

解释

胸怀才学却得不到施展的机会。

造句

姜小牙整天一副**怀才不遇**的样子。

近义词 反义词

近义词：大材小用 明珠暗投 生不逢时

反义词：脱颖而出 飞黄腾达

怀才不遇

大海呀全是水，螃蟹呀四条腿……
姜小牙，你的诗写得也不怎么样呀。
哼！你根本不懂诗。
可是你的诗被杂志社退稿了呀。
什么？
我劝你以后还是别写诗了。
呜呜……真是怀才不遇啊。
退稿

shí jīn bú mèi

拾金不昧

解释

拾到钱财或物品不私藏起来据为己有，而是设法归还失主。

造句

郝静这种**拾金不昧**的精神，值得我们学习。

近义词 反义词

近义词：路不拾遗

反义词：贪得无厌 财迷心窍 见财起意

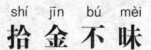

拾金不昧

老师，我捡到了一个钱包。
是吗？
里面竟然有这么多的现金。
老师，你是否该表扬我一下呢？
姜小牙是一个拾金不昧的好少年。对了，你在哪里捡到的钱包？
我家的地板上。
这是你家里的钱，给我出去！
哎呀！被发现了。

tiān yóu jiā cù

添油加醋

解释

比喻在叙述过程中随意增加原来没有的内容，夸大或歪曲事实真相。

造句

米小圈迟到了，同桌李黎在旁边**添油加醋**，魏老师十分生气，狠狠地批评了米小圈。

近义词 反义词

近义词：添枝加叶

反义词：去伪存真

添油加醋

米小圈，这次考试为什么不及格？
妈妈，我已经尽力了。
小圈哥根本没努力学习。
大牛说的没错，你学习太不认真了。
而且小圈哥经常玩游戏机。
大牛，我跟你有仇吗？
今天开始不许再碰家里的电脑。
还有，小圈哥经常放学去踢足球。
大牛，我讨厌你。
今天开始米小圈禁止踢足球。
小圈哥，咱们去打羽毛球吧。
你给我走开。

nán yǐ zhì xìn

难以置信

解释

置信：相信。难以使人相信。

造句

姜小牙数学竟然考了一百分，真是令人**难以置信**。

近义词 反义词

近义词：出乎意料

反义词：确信无疑

难以置信

铁头，数学100分。
我竟然考了100分，太难以置信了。
100
车驰50分。
什么？老师，会不会是你看错了？
50
哦！果然是看错了。
什么？
铁头50分，车驰100分，这回没错了。
呜呜……老师，你下次看准点行吗？
50

jiàn fēng shǐ duò

见风使舵

解释

根据风向变化拨转船舵。比喻随情势转变态度，随机应变。

造句

公司里有很多立场不稳、**见风使舵**的人。

近义词 反义词

近义词：随机应变　见机行事　随风转舵

反义词：一成不变

见风使舵

我是班长，当然要听我的。
我凭什么听你的？
多管闲事的家伙。
姜小牙，你说什么？
他说你多管闲事。
没错！
谁多管闲事了？
哎呀！不好！
米小圈上课看漫画书，我说他，他还不听。
姜小牙，你这见风使舵的本事是跟谁学的？
米小圈，你怎么能这样呢？

成语填空

			惊		怪			
		失						
			青				甘	
慨		望		止				
万			竹		不		下	
	军		马					心
				亏		篑		
			声		击			愧

（答案见 133 页）

成语填空

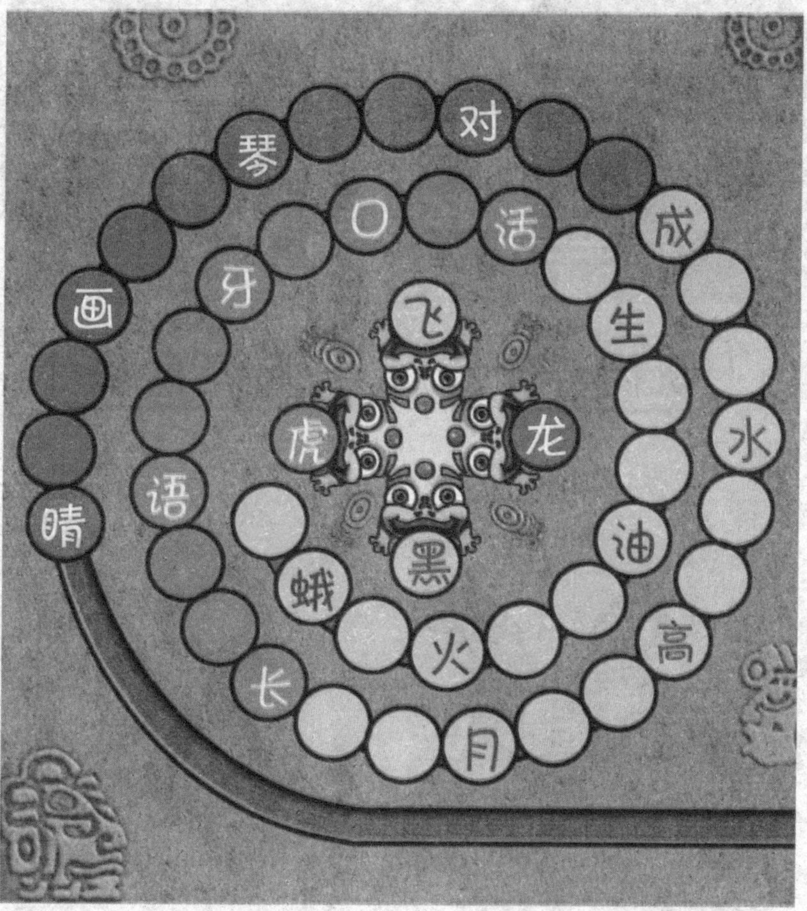

（答案见 133 页）

参考答案

第 42 页答案

班门弄斧

第 43 页答案

搬弄是非

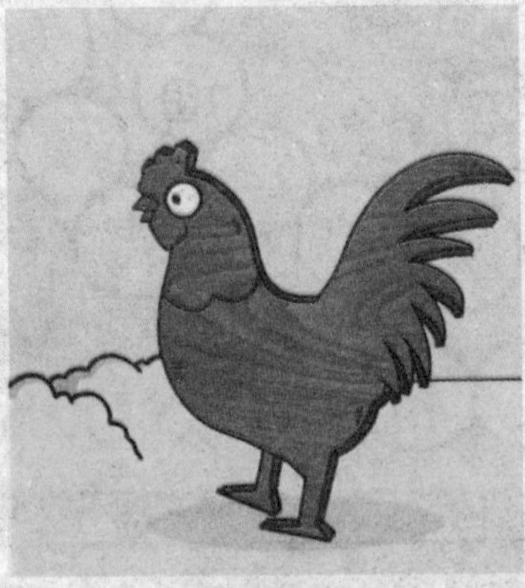

第 84 页答案

呆若木鸡

第 85 页答案

画龙点睛

第 130 页答案

第 131 页答案

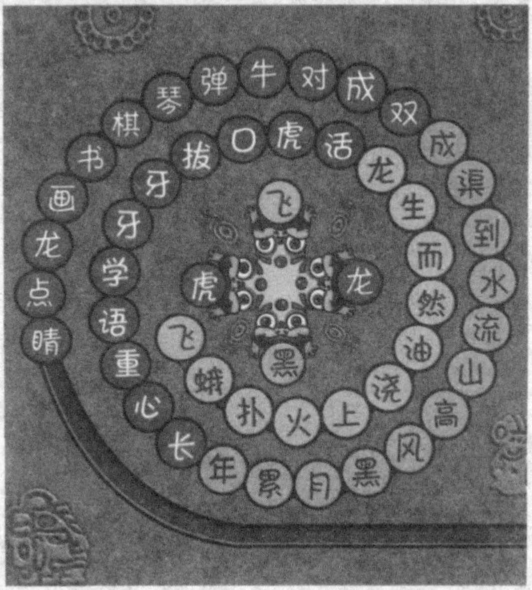

图书在版编目（CIP）数据

狐假虎威 / 北猫编著. —2 版. —成都：四川少年儿童出版社，2019.10（2020.2 重印）
（米小圈漫画成语）
ISBN 978-7-5365-9614-6

Ⅰ. ①狐… Ⅱ. ①北… Ⅲ. ①漫画—作品集—中国—现代②汉语—成语—少儿读物 Ⅳ. ①J228.2②H136.31-49

中国版本图书馆 CIP 数据核字（2019）第 201972 号

出版人　常　青

策　划　黄　政　明　琴
责任编辑　黄　政
封面设计　刘　亮
责任校对　覃　秀
责任印制　袁学团

HUJIA HUWEI
书　名　狐假虎威
编　著　北　猫
出　版　四川少年儿童出版社
地　址　成都市槐树街 2 号
网　址　http://www.sccph.com.cn
网　店　http://scsnetcbs.tmall.com
经　销　新华书店
图文制作　喜唐平面设计工作室
印　刷　成都紫星印务有限公司
成品尺寸　202mm × 175mm
开　本　24
印　张　6
字　数　120 千
版　次　2020 年1 月第2 版
印　次　2020 年2 月第29次印刷
书　号　ISBN 978-7-5365-9614-6
定　价　22.00 元

小朋友们，想把发生在你身边的趣事告诉北猫叔叔吗？

快快拿起手机，给他发送微信吧！等你哟！

找到北猫叔叔

听“米小圈”广播剧

获得米小圈定制文具

抽奖得北猫叔叔签名书

快来扫一扫吧！

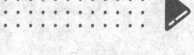

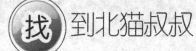

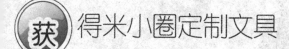